Çizgilerle Çocuk Eğitimi

Psikolojik Danışman
Fatih KALKINÇ

Çizgilerle Çocuk Eğitimi

FATİH KALKINÇ

GÜL YURDU YAYINLARI

ÇİZGİLERLE ÇOCUK EĞİTİMİ

Editör
Ali BUDAK

Kapak
Engin ÇİFTÇİ

Resimleyen
Murat CENGİZ

Sayfa Düzeni
Necmi TOPAL

ISBN
978-975-9105-22-8

Yayın Numarası
25

Basım Yeri ve Yılı
Çağlayan Matbaası Sarnıç Yolu Üzeri No: 7
Gaziemir/İZMİR
Tel: (0232) 252 20 96
Aralık 2007

Genel Dağıtım
Gökkuşağı Pazarlama ve Dağıtım
Merkez Mah. Soğuksu Cad. No: 31 Tek-Er İş Merkezi
Mahmutbey/İSTANBUL
Tel: (0212) 410 50 00 Faks: (0212) 444 85 96

Gül Yurdu Yayınları
Emniyet Mahallesi Huzur Sokak No: 5
Üsküdar/İSTANBUL 34676
Tel: (0216) 318 42 88 Faks: (0216) 318 52 20

www.gulyurduyayinlari.com

İÇİNDEKİLER

Anne-Baba Desteğinin Önemi 15
Ders Çalışırken Nasıl Destek Olmalı? 21
Bizim Çocukta Televizyon Seyretme Hastalığı Var 29
Odasına Televizyon ve Bilgisayar Koymayın 37
"Bu Çocuk Beni Dinlemiyor!" Diyen Anne Babalara 43
Davranışlarınızla Önce Siz, Örnek Olmalısınız 49
Hatalar Öğrenmek İçin Birer Fırsattır! 55
Dinlemek Sevmektir. Dinlemek Değer Vermektir 67
"Bizim Çocuk Doyumsuz." "Çocuğu Memnun Edemiyoruz."
"Hiçbir Şeyin Kıymetini Bilmiyor." 75
Çocuklarımıza Yemek Yeme Alışkanlığını Kazandırmak İçin 81
Başkasının Eşyasına El Sürmez 93
Cısss! 99
Kardeşleri Birbirleriyle Kıyaslamayınız 107
Dikkat ve Hafıza Geliştiren Oyunlar ve Alıştırmalar 113
Büyük Değişimler İçin Küçük Öneriler 123

TEŞEKKÜR

Büyük bir sabır ve özveriyle resimleri çizen ve kitabın baskı aşamasına gelmesinde büyük emeği olan Murat Cengiz'e,

Israrlı takibiyle kitabın sizinle buluşmasında büyük emeği geçen Ali Budak'a,

Ayrıca, kitabın oluşmasında büyük katkıları olan, Prof. Dr. Musa Avcı'ya, Dr. Mehmet Palancı'ya, İsmail Koç'a, İbrahim Bozkurt'a, Kazım Taşlı'ya, Orhan Kalafat'a, Ali Erdem'e, Sinan ve Yasemin Çalışkan çiftine, Nazan Adsız'a, Hayriye Albayrak'a, Efkan Yeşildağ'a, seminerlerime katılan tüm katılımcılara, çevremdeki bütün insanlara katkılarından dolayı teşekkür ediyorum.

Fatih KALKINÇ
Psikolojik Danışman

Önsöz

Değerli Dostlar;

Yaşarken uymamız gereken birçok kural vardır, yapılması gereken işler, gidilmesi gereken yerler, ödenmesi gereken faturalar vb... vardır. Bu yükler bizi ciddi baskı altına alabilir. Bunların hepsi doğru ancak yoğunluğumuz ne olursa olsun genellikle gereksiz meşguliyetler bulma konusunda da son derece becerikliyizdir(!) Oysa bizler, hayatımızın sonuna gelmeden, bizim için neyin daha önemli olduğunu görebilseydik, önemli şeylere hayatımızda yer verememenin üzüntüsünü yaşamamak için şimdiden, bizim için çok önemli olan şeylerle önemli olmayan şeylere ayırdığımız zamanları gözden geçirip bir sıralama yapma lüzumunu hissederdik. Bir kısmımız anne ve baba olan bizler şahsî hayatımız ve aile hayatımız arasında bir denge kurmalıyız; çünkü çok iyi biliyoruz ki çocuk sahibi olmak her insana nasip olmaz. Eğer çocuklarımız varsa onların gözümüzü açıp kapatana kadar büyüyeceklerini de unutmamalıyız.

Anne ve babalarla binlerce kez değişik ortamlarda görüşüp konuştum, dertlerini paylaştım. Yurt dışında ve yurt içinde verdiğim konferansların her birinde vardılar. Hepsi de son derece ilgili bir şekilde çocukları için bir şeyler yapma arzusu ile çırpınıyorlar ve bunun heyecanını yaşıyorlardı. Hepsi de çocuklarını çok seviyordu. Çocuklarını iyi yetiştirmeyi bu kadar isteyen, onlar için her türlü fedakârlığı yapan ve yapmaya hazır olan anne babalar "Neden çocuklar istediğimiz gibi olmuyor?" diyorlardı. Bu problemi çözememelerinin en önemli sebeplerinden biri, anne ve babaların neyi, nasıl, ne zaman, niçin ve ne kadar yapacaklarını bilmemeleriydi. Bunun yanında, eskiden edindiğimiz yanlış kanaat ve davranışların da izâlesi gerekiyordu. İşte bu kitap bütün bu sorunların çözümü için kısa ve öz anlatımlı bir eser. Bu kitap yoğun bir tempoda çalışan ve çocuklarına yeteri kadar zaman ayıramayan anne babalara yönelik, yaklaşık bir saat içerisinde okuyup bitirebilecekleri, okuduklarının özünü alabilecekleri mütevazı bir çalışma.

Bazı konular vardır ki, önemini on sayfa yazı yerine iki kare resimle anlatabilirsiniz. Bildiklerimizi çocuklara anlatmak istiyoruz ama zaman bulamıyoruz. İşleri yoluna koyalım, yarın ilgileniriz diyoruz. Zamanı kiralamamız, satın almamız veya saklamamız mümkün değildir. Ancak içinde bulunduğumuz anı kullanabiliriz. Çocuğumuzun eğitimi için daha temposuz bir günün gelmeyeceğini çok iyi bilmemiz gerekir. Daha uygun bir günün gelmeyeceğini bilmek bizim için güzel bir başlangıç olacaktır.

Değerli anneler ve babalar;

Eğer evinizde iyi bir şeylerin olmasını istiyorsanız çocuklarınıza ayırdığınız zamanlarda onlarla birlikte bir şeyler yapın. Başlayabileceğiniz herhangi bir yerden başlayın.

Bazı davranışlarınızın hatalı veya olumsuz olduğunu kabul etmediğiniz, özeleştiri yapmadığınız sürece, davranışlarınızı olumluya dönüştüremezsiniz. "Acaba çocuklarımız ne zaman değişecek?" sorusunun cevabı şudur: Biz değiştiğimiz zaman. Çocuk çocuktur ve o bir yetişkin değildir. Çocuğunuz bırakın çocuk gibi yaşasın, ondan bir yetişkin gibi davranmasını beklemeyin ama siz ebeveyn gibi davranmaya devam edin.

Her ailenin kendine has özellikleri vardır. Ama birçok ailede aslında birbirine benzeyen sorunlar mevcuttur. Kitaptaki resimleri, hazırlık aşamasında iken gösterdiğim ebeveynlerden şu değerlendirmeleri aldım: "Aaa sanki bizim aileyi anlatmışsınız!" Aslında bizler birbirine benzeyen çok sayıda problemle uğraşıyoruz.

Sağlıklı ve mutlu bir aile hemen bir günde oluşmuyor. Bunun için istek, zaman ayırmak, olumlu hareket etme ve geleceği görmek gerekiyor. Çocuklarımızın, istediğimiz gibi olması için bazı bedeller ödememiz gerekiyor. Adım adım ilerlemeli ve acele etmemelisiniz. Şunu bir düşünün; bir çocuk günde üç saat televizyon seyreder, beş dakika babası ile konuşursa, bu çocuk babasının istediği gibi değil televizyonun istediği gibi olacaktır. Işık olun, kendi tecrübelerinizi çocuklarınızla paylaşın; bu, haftalar, aylar, hatta yıllar sürebilir. Her şey zamanla daha güzel olacaktır..

Oğlunuz okuldan eve döndüğü zaman matematikten 100 üzerinden 93 aldığını heyecanla size söylediğinde, "Diğer yedi puan nerede? Sınıfta kaçıncı oldun?" gibi sorular yönelterek konuşmakla, "O kadar çok çalıştın ki zaten bunu hak etmiştin. Ancak seni başarılı olduğun için seviyor değilim. Zayıf aldığını bile haber vermiş olsaydın belki hayal kırıklığına uğrardım ama bu seni daha az sevmeme neden olmazdı. Ben seni zaten çocuğum olduğun için seviyorum." şeklinde konuşmak arasında düşünemeyeceğiniz kadar fark olacaktır. Çocuklarımız birinci ya da sonuncu da olsalar, zayıf ya da şişman da olsalar, yine sevileceklerini bilmelidirler. Bizim onlara bağlılığımız, sevgimiz, ilgimiz, başarılarına odaklı olmamalıdır.

Eğer hemen çocuğunuzla evde bir şeyler yapmak istiyorsanız başlangıç için çocuğunuzla birlikte bir şeyler pişirebilirsiniz. Elinizden geldiğince sofraya birlikte oturun. En sevdiği televizyon programını çocuklarınızla birlikte izleyin ve bu programı neden sevdiklerini anlamaya çalışın.

Çocuklarınızla birlikte olduğunuz zamanlarda her an onları eğlendirmeniz gerekiyormuş gibi bir hisse kapılmayın. Çocukların sürekli eğlendirilmeye ihtiyaçları yoktur. Onların en üretici oldukları, orijinal konular buldukları zamanlar; tamamen kendi başlarına oldukları, sessiz ve sakin zamanlardır. Bir çocuk için hayal kurmak en mükemmel eğlence aracı haline gelebilir. Yeter ki onu kendi haline bırakalım.

Takdir edilerek büyütülen çocuklar, sürekli eleştirilen çocuklardan daha mutlu, daha üretken olurlar ve daha iyi söz dinlerler.

Çocuklarına dürüst olmayı öğreten fakat bunu kendileri uygulayamayan anne babaların kendileri gerçek birer problemdirler. "Benim yaptığımı değil, söylediğimi yap!..." ne kadar yanlış bir davranıştır sizin takdirlerinize bırakıyorum.

Eğer çocuğunuzun her şeyine karışırsanız, sorumluluk duygusu kazanması, doğru seçimler yapabilme yeteneğinin gelişmesi nasıl mümkün olacak? Ergenlik döneminde kimlik bunalımı başladığı zaman bu sorunlarla nasıl baş edecek?

Çocuk duygusal açıdan bağımlı olduğunda; kendisini yeterince güvende hissetmez, değer yargıları çok gelişmez ve başkalarının fikirlerine bağlı kalır. Böyle yetişmiş çocuklar, kendisinin yerine sizin düşünmenizi, hayatındaki sorunlara başından sonuna kadar sizin kafa yormanızı bekler. Siz çocuğunuzun problemlerini çözmek için düşünürken, bu düşünceler içinde çıkmaza girdiğinizde, çocuğunuzda hâlâ bir gelişme olmamasının üzüntüsünü de yaşayabilirsiniz. Yoğun bir pişmanlık yerine zaman geçirmeden küçük adımlarla başlayabilirsiniz. Anne babaların, ileriyi görme becerileri olmalıdır. Bunu çocuğun başarılı, olumlu ve pozitif bir erişkin olmasında kullanmalıdır.

Engeller bizi hareketlendirir. Gayret bize kuvvet verir, her yeni zorlukta bir güç yeşerir. Karşılaşılan bir engelden kuvvet, bir hayal kırıklığından büyüme, bir mahrumiyetten arzu doğar.

Değerli Dostlar;

Yukarıda birkaçına değindiğim benzeri problemlere, özet ama etkili çözüm yollarını bu kitapta sizlerle paylaşmak istedim. Hayata bir artı da ben eklemeyi arzu ettim. Bunu başarabildiysem ne mutlu.

Fatih KALKINÇ
Psikolojik Danışman

Anne-Baba Desteğinin Önemi

Sen burada bekle, ikimiz de yorulmayalım.
Ben gidip gelirim.
Peki...

"Ha gayret..."

Sensiz olmuyor, tek taraflı kürek çekmekle ilerleyemiyorum...

Kürekleri beraber çekince hem çok yorulmuyorlar,
hem de beraber zaman geçiriyorlar.

Bir sandala binseniz ve sadece tek bir küreğiniz olsa, ileriye doğru gitmeye çalışsanız, büyük bir daire çizer, yine başladığınız yere geri dönersiniz. Bazı ebeveynler çocuklarının eğitimini diğerine bırakır. "Ben kazanırım, gerekli masrafları karşılarım, sen de eğitimiyle ilgilen." derler. Çocuğun eğitimi sadece anneye veya sadece babaya bırakılmamalıdır.

Bir çocuğun, anne ve babasının birlikte sağladığı dengeye ihtiyacı vardır.

Ders Çalışırken Nasıl Destek Olmalı?

Ders çalışma vakti, odana gidip derslerine çalışmanı istiyorum.

Bu esnada anne, baba beraber televizyon izlemektedirler.

10 dakika sonra...
Susadım.

10 dakika sonra...
Tuvalete gidiyorum.

İnanmayacaksınız ama bütün derslerime çalıştım, ödevlerimi bitirdim.

Ödevlerinin çoğunu eksik yapmış ve yazısı da çok kötü. Böyle defter mi olur?!
Bir türlü istediğimiz ders çalışma alışkanlığını kazandıramadık. Bu işe bir çözüm bulmamız lazım.

Çocukların ders çalışırken, sadece çalıştıkları derse motive olabilmeleri için televizyon sesi duymamaları gerekir. Anne babanın da çocuklara destek olması gerekir. Bunun için de; anne baba çocuğa ders çalışmaktan daha cazip olan şeyleri yapmamalıdır. Televizyonu kapatıp çocuklar ders çalışırken kitap, dergi, gazete okuyarak çocukların ders çalışmasına destek olabilirler.

Bizim Çocukta
Televizyon Seyretme Hastalığı Var

Birader, televizyon çocuklarda pandomim sanatını arttırıyormuş, yani hemen hemen hiç kelime içermeyen iletişim meydana geliyormuş.
Yaa?

Çocuklar televizyon izledikçe daha az spontan oluyorlarmış.
Hı, hı...

Ağır ve tempolu müziğe derin bir bağımlılık oluşuyormuş.
Öyle mi?..

Zihinsel beceri gerektiren aktiviteler yerine basit işlere yöneliyorlarmış.
Aaa?..

Farklı alternatifleri görme ve çözüm üretme becerisinde azalmalar meydana geliyormuş.
ilginç...

Artık çocuklar ders çalışmak veya dışarıda oynamaktansa televizyon izlemeyi tercih ediyorlarmış
...

Yaa dostum sorma, bizim çocukta da televizyon seyretme hastalığı var, ne yapacağımı bilemiyorum.

Eee, atalarımız boşuna dememişler; "Armut dibine düşer" diye.

Çocuklarının çok televizyon seyrettiğinden, ders çalışmayı sevmediğinden yakınan anne babalara:

Çocuklar söylediklerinizden değil yaptıklarınızdan daha çok etkilenirler. Çocuğunuzun televizyon veya bilgisayar hastası olmasını istemiyorsanız değişime önce kendinizden başlamalısınız.

Odasına Televizyon ve Bilgisayar Koymayın

Bizim çocuklar daha başarılı olsunlar, daha iyi ders çalışsınlar diye elimden geleni yaptım...

Televizyon istediler, aldım odalarına koydum.

Bilgisayar istediler,
aldım odalarına koydum...
Hâlâ ders çalışmıyorlar!..

Sorma dostum,
bu devirde çocuklar nankör oluyor,
kıymet bilmiyorlar. Ben de; istediler diye
cep telefonu, müzik çalar aldım.
Hâlâ ders çalışmıyorlar.

Eğer odasında televizyon, bilgisayar varsa çocuk bunları kapatıp ders çalışmaz. Çocuğun odasında televizyon ve bilgisayar olmamalıdır. Eğer olacaksa bilgisayar ve televizyon salonda olmalı ve monitör kapıya dönük olmalıdır. Bazı anne babalar bana şu soruyu sorarlar: "Hocam, bizim çocuk ders çalışmayı sevmiyor. Ders çalışmayı sevmesi için ne yapabiliriz?" Aslında bu zor sorunun çok basit bir cevabı vardır. Evde ders çalışmaktan daha zevkli olan şeyleri ders çalışmaları gereken zamanlarda kapatın. Göreceksiniz ki, belki çocuğunuz 1-2 hafta direnecek fakat daha sonra yapacak daha iyi bir şey olmadığından ders çalışmaya başlayacaktır.

Bu Çocuk Beni Dinlemiyor!
Diyen Anne Babalara…

Çocuklar,
sizlere sınıfta top oynarsanız
topu alacağımı ve üç gün
vermeyeceğimi söylemiştim.

Bir ders sonra...
TAK
TAK
Öğretmenim,
topu alabilir miyiz?
Üç gün sonra.

İki ders sonra...
TAK
TAK
Arkadaşın
topunu alabilir miyim?
Üç gün sonra.

Sizce; bu çocuklar bir daha sınıfta top oynarlar mı? Eğer oynarlarsa; toplarını aldığımda diğer ders benden istemeye gelirler mi? Yoksa; bu öğretmen kızmıyor, bağırmıyor, ama topu da vermiyor deyip üç gün beklerler mi?

Anne ve babalar çocukların kurallara ihtiyaç duydukları küçük yaşlarda onların isteklerine ve kaprislerine boyun eğerler. Bu dönemde çocukların maskaralıklarına gülerler, delikanlılık çağında ise kurallar koymaya çalışırlar. Daha önce güldükleri davranışlara kızarlar. Çocuklara kesin ve açık kurallar koyarak onlardan ne beklediğinizi ifade etmelisiniz. Yoksa dik kafalı ve afacan bir çocuk karşımıza çıkabilir.

Evde sık sık kuralları değiştirmek çocuğa güvensizlik duygusunu aşılamanın en kestirme yoludur. İstediğimiz davranışı açıklamadan olumlu davranış beklemek ve "Olmadı!" diye kızmak çocuğa karşı haksızlıktır. Çocuklarımıza koyduğumuz kurallar onun kişilik yapısı ve yaşı düşünülerek konulmalıdır. Koyduğumuz kuralların nedeni izah edilmelidir. Beklediğimiz davranışlar basit bir dille anlatılmalıdır. Çocuk istediğimiz davranışları yaptığında takdir edilmelidir. Çocuğun eğitiminde kararlı, tutarlı ve sabırlı olunmalıdır. Ortama göre değişen evet ve hayırlar çocuğun istediğini yaptırmak için kendine göre bir davranış kalıbı oluşturmasına zemin hazırlar.

Davranışlarınızla Önce Siz, Örnek Olmalısınız

GÜNAYDIN! BEN GELDİM!..

Bizim kız büyüdü ama o hâlâ farkında değil, acaba kapıyı çalmadan içeriye girmemesi gerektiğini nasıl anlatsam?..

Kim o ?!.
TAK
TAK

Benim, kızım.
Babacığım niye kapıyı çalıyorsun? Girsene...
Olur mu kızım? Sen kocaman kız oldun. Kendine göre özel işlerin olabilir, her an müsait olmayabilirsin. Değil mi?
Baba bir kaç kere daha kızının odasına girerken kapıya vurup izin alır.

Daha sonra, bir sabah...
TAK!
TAK!
Gir...

Günaydın!..
Çocuklarımıza saatlerce konuşup nasihat etmek, öğüt vermektense, davranışlarla örnek olmak daha kolay ve kalıcı olmaz mı?

Hatalar Öğrenmek İçin Birer Fırsattır!

Bir gün baba ve kızı birlikte oturmaktadırlar...

Güzel kızım,
bana bir bardak su
getirir misin?
Tabii, babacığım.

Su koymak da
ne kadar zormuş...

Bardak kırıldı galiba,
kendisine bir şey
olmamış olsa bari...
ŞANGIR!!!

Sana bir şey olmadı değil mi kızım?..

Ufacık çocuktan niye su istiyorsun? Kalkıp kendin alsana!!!

Daha sonra, bir gün...
GAZETE

Annee, su getirir misin lütfen?!.
GAZETE

Ya da;

Üzülme kızım,
ilk defa yaptığın bir şeyde
hata yapabilirsin.
Bu ayıp değil.

Bak, sürahiyi
böyle tutacaksın
ve suyu yavaşça koyacaksın.
Sonra bardağı iki elinle
tutacaksın...

Buyur babacığım.
Su gibi azîz ol güzel kızım.
Böylece, istediğimiz davranışları daha kolay kazanmalarını sağlamış oluruz.

Çocukları ilk yaptıkları hatada eleştirdiğimizde...

Bir daha denemek istemeyeceklerdir.

Her çocuğun dünyaya sunabileceği Allah'ın vermiş olduğu özel bir yeteneği vardır.

Yeter ki çocuğun içindeki enerjiyi, yeteneği ortaya çıkarın.

Çocuğunuz bisiklete binerken, paten yaparken veya herhangi bir şeyi öğrenmeye çalışırken; bağırıp çağırıp, eleştirirseniz mi daha kolay öğrenir yoksa sabırla, anlayışla karşılayıp tekrar denemesi için fırsat verdiğinizde, yüreklendirdiğinizde mi?

Eğer çocuğunuzun hata yapmasını istemiyorsanız bu aynı zamanda hiçbir şey yapmamasını da istemek demektir. Hata yapmayı, öğrenme sürecinin bir parçası olarak karşılayın. Hatalar öğrenmek ve öğretmek için mükemmel birer fırsattır, kızmak ve bağırmak için değil. Her hata yaptığında geçmişteki hataları da yüzüne vurulacak olursa iyi davranışların hiç biri hayatta kalamaz. Hata yaptığı zaman kızmak, zaten duygusal açıdan yorgun ve psikolojik baskı altında bulunan çocuğun o işi bir daha yapmamasına, vazgeçmesine neden olabilir. Böyle bir durumda iken ders vermek ve başarı formülleri sıralamak, boğulmakta olan kişiye yüzme öğretmeye çalışmak gibidir. Boğulmakta olan birine o an yüzme öğretilmez. Sadece sizin yardım için uzanan elinize ihtiyacı vardır.

Yüreklendirmenin gücü düşündüğünüzden çok daha fazladır. Çocuklarınıza potansiyellerinin doruğuna ulaşmalarında destek olun. O zaman mutlaka doğru bir şeyler yaptığını göreceksiniz. Övgü ve yüreklendirmeye karşılık vermeyecek tek bir çocuk yoktur ve biz onlar için söz yerinde ise çöldeki yağmur damlası kadar değerliyiz. Yüreklendirme, çocuklarımızın yeteneklerini ortaya koyabilme adına pek çok kapıyı açabilir. Ancak o sayede doğru yolda olduklarını anlar ve kendilerini cesaretlendiren kişiyi mutlu etme isteği duyarlar.

Dinlemek Sevmektir. Dinlemek Değer Vermektir

Annecim bugün okulda neler oldu biliyor musun?!.

Önce çantanı çıkartalım...
öğretmen bir soru sordu, sınıfta kimse bilemedi!..

Aferin.
Üff, çok terlemişsin!..
Ben hemen parmak kaldırdım...

Akşam babana da söyleyelim. Karnın da acıkmıştır senin, dur sana bir şeyler hazırlayayım.
O anda çok... ?!..

Eee, anlat bakalım bugün okulda neler oldu?
Hiçbir şey!!!

Zaten bana hiçbir şey anlatmıyorsun, benimle hiçbir şey paylaşmıyorsun.

Ya da;

Annecim bugün okulda neler oldu biliyor musun?!.

Seni heyecanlandıran birşey olmuşa benziyor.
öğretmen bir soru sordu, sınıfta kimse bilemedi!..

Görünüşe bakılırsa cevabı sen bilmişsin galiba, benim aslan oğlum.

Anlatacaklarını sabırsızlıkla bekliyorum. Gel mutfakta sen bir şeyler atıştır. Ben de seni heyecanlandıran olayı dinleyeyim.

Anneciğim, seninle konuşmak çok güzel. Seninle konuşurken rahatlıyorum. Seni çok seviyorum.

Seni dinlemek benim için dünyanın en keyifli olayı. Senin heyecanını paylaşmak benim mutluluk kaynağım. Benimle paylaştığın için teşekkür ederim.

Çocuklarınıza mümkün olduğunca fiziksel sevgi gösteriniz.

Çocuğun duyguları kendisine göre gerçek ve geçerlidir. Duyulmadığını, anlaşılmadığını gören çocuk aşırıya kaçıp daha hırçın davranmaya başlar ya da susup sessizliğe bürünür. Konuşurken gözlerine bakın, hemen lafa karışıp çözüm önermeyin, söylediklerini kısaca tekrar edin, duygularını dile getirmesini bekleyin.

Çocuğunuz size yaşadığı bir olayı anlatmak istediği zaman, bir şeylerle uğraşırken, mutfakta iş yaparken, televizyon seyrederken değil, ona doğru dönüp, göz iletişimi kurup, seviyeyi ayarlayıp, tane tane konuşarak anlattıklarını dinlemek gerekir. Aynı dili konuşmak, aynı duyguları paylaşabilmek etkin dinlemeyi sağlar. Unutmayın sevmek etkin dinlemektir. Dinlemenin temelinde sevgi, saygı ve karşılıklı kabullenme olmalıdır. Çocuğunuzu ne kadar çok dinliyorsanız sevginizi de o kadar çok göstermiş olursunuz.

Söyledikleri dinlenen çocuk, anne ve babasının sözünü daha fazla dinlemeye başlar. Herhangi bir şey yapacak olduğunda anne babaya danışır, kendine olan güveni artar.

"Bizim Çocuk Doyumsuz"
"Çocuğu Memnun Edemiyoruz"
"Hiçbir Şeyin Kıymetini Bilmiyor"

Bizim çocuğu memnun edemiyoruz. Aldığımız oyuncaklardan çok çabuk bıkıyor. Kıymet bilmiyor.

"Geçen gün ona çok güzel bir hediye aldım..."

"Uzaktan kumandalı arabayı aldı, biraz oynadı..."

"Sonra oyuncaklara sırtını döndü, oturdu..."

Aldığım bu
kaçıncı oyuncak,
daha ne yapayım?!.

İhtiyaçsa bütçeye göre en iyisini almaya çalışmalı ama istediği şeyin benzerinden evde varsa almamalıdır. Her istediği alınan çocuk; mutsuz, doyumsuz, hiçbir şeyden zevk almayan, çok çabuk canı sıkılan bir hâle dönüşür.

Çocuklar bir önceki eğlence düzeyinden çok çabuk bıkarlar ve daha fazlasını isterler. Dolayısıyla ondan sonra çocuklara vereceğiniz şeylerin daha heyecan verici, daha güzel şeyler olması gerekir. Bu durumda çocuk tamamen kendi zevklerine tutkun bir insan haline gelebilir. Çok uzun süren tatil, çok fazla film, çok fazla televizyon, çok fazla bilgisayar ve internet, disiplinsiz boş vakitler çocukların kişiliğini yavaş yavaş olumsuz yönde etkiler. Çocukların yeteneklerinin uyur durumda olmasına, becerilerinin gelişmemesine, zihinsel yönden pasif hale gelmesine, içinin devamlı sıkılmasına, mutlu olamamasına sebep olabilir.

Kolayca elde ettiğimiz şeyleri daha az önemseriz. Yalnızca bedelinin hakkı verilen şeyler değerlidir. Yokluğu hissedilmeyen, elimizin altında olan şeylerin kıymeti bilinmez.

Çocuklarımıza

Yemek Yeme Alışkanlığını

Kazandırmak İçin...

Anneciğim, yemekte ne var?

Ispanak var kızım,
yemek ister misin?

Hmm, ben ne yapıyorsun diye bakmıştım anneciğim, aç değilim.

Yarım saat sonra...
Anne karnım çok aç, bana sandviç yapar mısın?

Tabii kızım, peynirli mi olsun, sucuklu mu?

Şimdi ıspanağı kim yiyecek?..
Çocuğunuz sandviç, makarna, kızartma, pilav gibi tüketimi kolay ancak sağlıksız beslenmeye neden olabilecek yiyecekler varken, hazırladığınız yemekleri tercih etmeyecektir.

Doymasına İzin Verin

Ellerine sağlık anneciğim,
yemek çok güzel olmuş.
Ben doydum.

Aaa,
o kadar az yemekle
doyulur mu? Sen daha
doymamışsındır.

Ben doyup doymadığımı
annemden daha mı iyi
bileceğim. Demek ki daha
doymamışım...

Aç bakayım
ağzını, bir kaşık daha.

Düşünsenize! Belli bir yaşa gelmiş, hala doyduğunu anlamıyor. Dışarıya çıkarken havanın sıcaklığını anlayamadığı için üstüne ne giymesi gerektiğine anne babası karar veriyor. Bu durumda çocuk, muhakemesi zayıf, yorum yeteneği gelişmemiş, olaylar arasında neden sonuç ilişkisi kuramayan birisi haline gelecektir.

Yemekleri Mahkeme Salonuna Dönüştürmeyin!

Ayrıca; bizim toplumda tombul çocuk sevimli çocuktur. Fakat yaş ilerledikçe fazla kilolar sevimliliğini kaybetmeye hatta obezite (şişmanlık) denilen bir hastalığa dönüşmektedir. Obezite, vücutta fazla miktarda yağ birikmesi sonucu ortaya çıkan ve mutlaka tedavi edilmesi gereken bir hastalıktır. Obezite, besinlerle alınan enerji miktarının, metabolizma ve fizikî aktivite ile tüketilen enerji miktarını aştığı durumda ortaya çıkar.

Obezite, insan vücudunda kalp ve damar sistemi, solunum sistemi, hormonal sistem, sindirim sistemi gibi sistemleri etkileyen ve birçok önemli rahatsızlığa zemin hazırlayan bir hastalıktır.

Sonuç olarak obezite, insan yaşamını kısaltan ve yaşam kalitesini olumsuz yönde etkileyen bir hastalık olarak tanımlanabilir. Dolayısıyla kıymetli anne babalar; çocuklarımıza daha bu yaşlarda sağlıklı beslenme yollarını öğretmemiz gerekiyor.

Yemek vakitleri çocukların aileleriyle en güzel dakikalar geçirdikleri zaman dilimlerinden biri olmalıdır.

Akşam yemeğini mümkün olduğunca beraber yiyin. Yemekte problemleri konuşmayın. Yemek esnasında televizyon kapalı olsun. O gün yaşanılan hoş bir olay konuşabilirsiniz.

Yemek yemesi için çocuğunuzu zorlamayın. Yemekten onun istediği kadar kendisinin koymasına izin verebilirsiniz. Eğer sebze yemeğinin yanında patates kızartması olursa kızartmayı yer, sebze yemeğine dokunmaz. Bundan dolayı sebze yemeğinin yanında sadece yoğurt, salata gibi gıdalar olmalıdır. Sebze yemeğini yemediğinde yerine sandviç yapmayın. Yemek yemediğinde ısrar etmemelisiniz. Acıkırsa aynı yemeği yiyebileceği söylenmeli, sebze yemeğinden başka bir şey koymamalısınız. Biraz sabırlı olun. Çocuğunuz sebze yemeğine alışacaktır. Yemeklerin sunumunu daha güzel yapabilirsiniz. Şekilli yiyecekler olabilir: Pırasadan ev, brokoliden ağaç, pilavdan kuzular, ıspanaktan çimen vs. Böylece yemek çocuklar için daha eğlenceli hale gelebilir.

Başkasının Eşyasına
El Sürmez

Bizim çocuklar başkalarının eşyalarına izinsiz asla el sürmezler.

Elmalar çok güzel,
sen de bir tane alsana!

Annem beni nasıl görüyor?..

Ben asla başkalarının malına
izinsiz el sürmem. Hırsızlık olur o zaman.
Bu davranış bana yakışmaz.

Çocuklarımızın bilinç altına onların olumlu kişilik özellikleri ile ilgili mesajlar yollamalı ve bu güzel davranışlarını duyacakları ortamda dile getirerek pekiştirmelisiniz. Anne ve baba tarafından beğenilen ve ödüllendirilen davranışlar mutlaka tekrarlanır. Çocuklar olumlu şekilde desteklenen davranışları yapmaktan mutlu olurlar.

Cısss!

Yemeğini yemezsen yarın öğretmenine söylerim.

Karnım çok ağrıyor, Kendimi gerçekten kötü hissediyorum. Sanırım okula gidemeyeceğim.

Çocuğu eğer öğretmeni ile korkutursanız ertesi gün okul, dersler ve öğretmen sevimsiz gibi görünebilir. Okulda öğretmeni tarafından eleştirileceğini düşündüğünden, öğretmeni ile yüz yüze gelmek istemez. Bundan dolayı karın ağrısı, numara değil gerçektir. Çocuğu öğretmeniyle korkutmak çocukta okul fobisi oluşturmaya başlayacaktır. Çocuklarınızı öğretmenle, okulla korkutmayın.

Çocuğunuz öğretmenini sevmelidir; çünkü bize bilgi ve beceri kazandıran, bizi hayata hazırlayan, bir mum gibi yanıp etrafını aydınlatan o mukaddes varlıkları sevmemek nankörlük olur. Ayrıca sevmediğiniz bir kişiyi dinlemek çok zor olur. Dinlemeyince anlayamaz, anlamayınca yapamaz, yapamayınca da başaramazsınız.

Ayrıca; eğer okulda öğretmenle ilgili bir problem çıkarsa bunu çocuğunuza yansıtmadan gidip ilgili kişilerle (öğretmen, okul idaresi veya okul psikolojik danışmanı) görüşüp problemi çözmelisiniz. Evinizde iki çocuk ve anne babanın olduğu dört kişilik bir ailede bile ara sıra problemler çıkmıyor mu? Yüzlerce çocuğun olduğu yerde problemin olmaması düşünülemez. Mühim olan problemlerin olması değil, onları çözme şeklimizdir.

Çocuklarınızı İğneyle Korkutmayın!
Kaç defa söyledim, evin içinde top oynama diye. Sana öyle bir iğne yaptırırım ki bir daha top oynayamazsın.

Çocuk bir gün hastalanır ve hastalığının tedavisi için iğne olmak zorundadır. Ancak çocuk iğneye karşı aşırı tepki geliştirmekte ve çok korkmaktadır.
Hiç acımayacak, iğne olunca hemen iyileşeceksin.
Aşı yapılırken bile bayılacak kadar ağlayan çocukların anne babaları bir daha düşünmeli bunun nedenini.
İğne olmadan önce çocuğunuza bilgi verebilirsiniz. Çok küçük bir acı olacağını, bunun hemen geçeceğini sağlığı için bunun gerekli olduğunu anlatabilirsiniz.

Çocuğunuzu manevi değerlerle korkutmayın!
Gel bakayım buraya, vazoyu sen mi kırdın?
Hayır, ilk defa görüyorum, ben kırmadım.

Eğer sen kırdıysan söyle, yalan söyleyen çocukları Allah taş yapar, yakar!

Baba, ben peygamberi Allah'tan daha çok seviyorum. Çünkü peygamberimiz yakmıyor.
Korku sevginin önünde olursa çocuk inançtan uzak bir yaşantıyı seçebilir.

Bazı Çocuklar Babaannelerini Pek Sevmezler!
Ben daha gencecik bir kızken babanla evlendim... Babannen bana neler yaptı neler, bir rahat yüzü görmedim. Her şeyime karıştı...

Öpsene çocuğum babaannenin elini...
EYVAH! Babaannem gelmiş!..

Anneanne, annenin annesi ise babaanne de çok sevdiğiniz eşinizin annesidir ve en az anneanne kadar sevilmeyi hak ediyordur. Çocuklarınızın yanında babaanne, amca, dayı, hala, teyze ile ilgili olumsuz konuşmayın. Onların güzel davranışlarından bahsedin. Çocuklarınızın gözünde saygınlıklarını muhafaza edin. Yoksa çocuğunuzun yarın örnek alacağı, saygı duyacağı hiçbir büyüğü kalmayacaktır. Bu da çocuklarınız için isteyeceğiniz bir durum değildir.

Kardeşleri Birbirleriyle Kıyaslamayınız

Bak oğlum,
kızkardeşin senden daha ufak
ama senden daha düzenli, temiz,
çalışkan, annesini hiç üzmüyor.
Ne olur, sen de biraz kızkardeşin
gibi olsan?..

Senin yüzünden bu kadar laf işittim, ben sana gösteririm...

UAAAAA!..

Kardeşin neden ağlıyor, bir şey mi yaptın?
Ne oldu ben de anlayamadım. Dokunmadan ağlamaya başladı.

Bizim çocuklar kedi köpek gibiler, hiç anlaşamıyorlar. Ben de ne yapacağımı bilmiyorum artık. Çaresiz kaldım.

Çocuklarımızı olduğu gibi kabullenmeli ve onlara güvenmeliyiz. Diğer kardeşi ondan daha akıllı ve düzenli olsa bile yine de çocuğunuz anne ve babası tarafından sevildiğinden emin olmalıdır. Kardeşler arasında asla kıyaslama yapılmamalı, birbirlerinin yanında küçük düşürülmemelidir. Çocuklarınızın her birini ayrı birer kişi olarak görün, kıyaslanan çocuk incinir. Kıskançlıkla, rekabet duyguları artabilir. Çocuğun özgüven gelişiminde başka birisi kadar iyi olmadığının söylenmesi onu zedeleyecektir.

Bütün suçu büyük çocuğa atmayın. Küçük kardeşler arasında abi veya ablanın saygınlığının anne ve baba tarafından korunması gerekir. Kendisine böyle bir rol biçilen çocuk kardeşlerine karşı daha duyarlı davranacaktır.

Kardeşi ile ilgili olarak doğru bir davranışta bulunduğunda olumlu şeyler söyleyin, ödüllendirin.

Çocukların arasındaki tartışmalarda hakem olmayın.

Kendi problemlerini kendileri çözmeye alışsınlar.

Kardeşlerden birine ayrıcalıklı davranmayın. Hepsine eşit muamelede bulunun. Hepsini belki de eşit derecede sevemeyebilirsiniz ancak hepsine eşit muamele yapmanız çocuğunuzun sizin üzerinizdeki haklarındandır.

Dikkat, Hafıza Geliştiren Oyunlar ve Alıştırmalar

ŞEKİLLERİ HATIRLAMA:
Bir kağıda birtakım geometrik şekiller çizilir. Çocuğun bakmadan aynı resimleri çizmesi istenir.

İKİ RESİM ARASINDAKİ FARKI BULMA
Birbirine benzeyen ama aralarında küçük farklılıklar bulunan iki resim gösterilir. Bunların arasındaki farkları çocuğun bulması istenir.

BALONLA OYNAMA
Şişirilmiş balonu birbirlerine atarak yere düşürmemeye çalışırlar. Çocukta konsantrasyonu arttıracaktır.

OKUDUĞUNU ANLATMA:
Çocuğa kısa bir okuma parçası verilir ve beş dakika okuduktan sonra okuduğu yerleri anlatması istenir. Bu oyun aynı zamanda çocuğun kısa süreli hafızasını geliştirir.

SON HARFTEN KELİME BULMA:
Söylenen her kelimenin son harfini kullanarak yeni bir kelime söylenir. Bu şekilde oyun devam eder.
Gül

Lilyum

Manolya

Açelya

RESMİ HATIRLAMA:
Çocuğa bir dakika boyunca bir resim gösterilir. Daha sonra resim kapatılır ve o resimle ilgili sorular sorulur.

Ayrıca; nesne saklama, anlatılan hikâye ile ilgili sorular sorma, ilgisiz kelimeler verip bu kelimeleri kullanarak hikâye anlatması, isim-şehir, hayvan-bitki oyunu, cümlenin başı yazılıp çocuğun tamamlamasını isteme gibi oyunlar oynanabilir.

Dikkat eksikliği pek çok çocuğumuzda okulda ve arkadaş ilişkilerinde sıkıntılar yaşamasına neden olabilir. Özellikle derslerine uyumunu ve başarı düzeyini olumsuz yönde etkiler. Bu nedenle anne, baba ve öğretmenler dikkat eksikliği olan çocuklara özel ilgi göstermelidir. Bu tarz oyunlar, çocuğun dikkatini toplamasına ve dikkatini yoğunlaştırmasına yardımcı olur.

Bu oyunlar çocuğun kendisini rahat hissedebileceği ortamlarda oynanmalıdır. Aynı zamanda ailenin tüm bireylerinin katılımıyla daha eğlenceli hale gelecektir. Bu oyunlarda her zaman çocuğun kazanması sağlanmamalıdır. Çocuk yaptığı hataları görerek eksikliklerini giderebilir. Çocukların hayal dünyaları ve hafızaları da bu tarz oyunlarla gelişecektir.

Büyük Değişimler İçin Küçük Öneriler

Çocuklarınızı Arkadaş Toplantılarına Götürün

Çocuğunuzun sosyalleşmesi, kendini ifade edebilmesi, kimlik kazanabilmesi ve hayatı tanıyabilmesi için olumlu arkadaş ortamlarında bulundurun.

Çocuklarınızın milli ve manevî değerler kazanarak, karakterli yetişmelerine önem verin.

Çocuklara vatanını sevmeyi öğretmeliyiz. Bayrak çekilirken saygılı olmayı, İstiklal Marşı okunurken hazır ola geçmeyi, çocuklar küçük yaşta öğrenir. Savaşta şehit olan, inandıkları dava uğrunda vatan için canını feda eden insanları tanıtmalıyız. Ülkenin nasıl kurulduğunu, tarihin nasıl yazıldığını ve atalarımızın yaşadığımız toprakların bedelini nasıl ödediğini anlatmalıyız.

Çocuklarınızın davranışlarıyla örnek olan kişilerle tanışmalarını sağlayın.

İnsanlar tarafından sevilen ve kabul gören şahsiyetlerle tanışmalarını sağlayın. Onların katıldıkları toplantılara katılmaya çalışın, imza gününde kitap imzalatın, mümkünse evinize davet edin. Çocuklarınızın küçük yaşlardan itibaren davranışlarını örnek alabilecekleri kahramanları tanıtın. Hayat hikâyelerini çocuklarınızla paylaşın ki çocuklar o anlattıklarınız kişiler gibi olmak istesinler.

Bıktırırcasına Çocuklarını Takip Eden,
Eleştiren Anne Babalara...
HATALI
OYNUYORSAM
0216 318 60 11
Çocuk özgürleştikçe özgünleşir, özgünleştikçe sosyalleşir ve ancak sosyalleştikçe normalleşir. Unutmayın: Aşırı kontrol ve otorite her zaman ikiyüzlü insan üretir!

Çocuklarınızın kişisel temizliğine dikkat edin.

Çocuklar her gün kalktıklarında ve akşam yatmadan önce dişlerini fırçalamalıdırlar. Küçük yaşlarda, tırnaklarını nasıl kesmeleri gerektiği, burun ve kulak temizliği, saçlarını nasıl taramaları gerektiğini anne babalarından öğrenmelidirler.Onların nasılolmasını istiyorsanız öyle davranın. Çocuk istediğiniz gibi değil yetiştirdiğiniz gibi olacaktır.

Çocuklarınızı yetiştirirken onları daha iyi eğitebilmek için kendinizi yetiştirin

Hayatımızda ilk defa kullanacağımız pek çok şeyin nasıl kullanılması gerektiğiyle ilgili önceden bilgi alırız. Hatta pek çoğunun kullanma kılavuzu vardır. Elektronik bir eşyanın kullanma kılavuzunu belki defalarca okuruz. Araba kullanmak için sürücü kurslarına katılır ve sınavı geçebilirsek ehliyet alırız. Bir bina projesi çizmek veya insanları tedavi etmek için yine belli eğitimlerden geçmemiz gerekir. Peki canımızı uğrunda feda edebileceğimiz, kendimizden daha iyi olmasını istediğimiz yarınlarımızın güvencesi olacak yavrularımız daha sağlıklı, mutlu, başarılı, kişilikli, sorumluluk duygusu gelişmiş, özgüveni yüksek olan çocuklar halinde yetiştirebilmek için nasıl bir eğitim aldık?

Çocuklarımızın daha iyi yetişmesi için, onlarla ilgili yazılan kitapları okumalı, seminerlere iştirak etmeli, onlarla ilgili programları takip etmeli, günlük sohbet konularımızdan biri çocuklarımızın eğitimi olmalıdır.

Elimizde daha iyi anne baba olmanın gayretini taşıyan bir sertifikamız neden olmasın? Değmez mi?